Yvonne Satin   Ich öffne mich für dich

Yvonne Satin ist natürlich ein Pseudonym. Mit ihrem Premierenband schildert die Autorin erotische Momente aus weiblicher Sicht.

Yvonne Satin

Ich öffne mich für dich

Erotische Gedichte

© 2020 Yvonne Satin

Herstellung und Verlag: BoD – Books on Demand,
Norderstedt

Printed in Germany

ISBN 978-3-7519-5476-1

Ich öffne mich für dich

Verführung

Beim Betriebsfest unsrer Firma
ließ die Stimmung mich entflammen
in einer heißen Liebesglut
für einen attraktiven Mann.

Als wir bekamen Blickkontakt,
lächelte ich unschuldig, sanft,
dazu ich strich mein langes Haar
ganz langsam hinter meinen Kopf.

Wirkung zeigte gleich mein Einsatz,
denn lächelnd kam er auf mich zu,
wir redeten und lachten viel,
kamen dabei uns rasch näher.

Dann schließlich unser erster Kuss,
danach wir schlichen fort vom Fest,
erlebten eine schöne Zeit
in seinem Haus in seinem Bett.

***

Der erste Schritt

Du hast mir sofort gefallen,
drum habe alles ich getan,
um zu lenken deine Blicke
hin zu mir als ersten Schritt.

Ich lächelte dich lieblich an
und ließ dabei mein langes Haar
sanft durch meine Finger gleiten,
wohl um dessen Wirkung wissend.

Immer wieder warfst du Blicke,
ließest deine Augen wandern
über meinen ganzen Körper,
und dir der Anblick sehr gefiel.

Noch ein verführerischer Blick,
und du kamst zu mir herüber,
um zu lachen und zu scherzen,
mit viel Charme mich zu betören.

Immer wieder meine Beine
öffneten sich für kurze Zeit,
deine Augen klebten am Schoß,
stierten gar frech mir in den Schritt.

Als ich vorschlug, dass wir gehen,
stimmtest du gleich begeistert zu,
und es dauerte nicht lange,
bis wir vergnügten uns im Bett.

Der Sex mit dir war wunderbar,
und auch danach warst du charmant,
als dann der neue Tag begann,
sah uns die Welt als Liebespaar.

Hätte damals ich nicht gewagt,
zu gehen diesen ersten Schritt,
hätten vielleicht wir uns verfehlt
und wären nicht verheiratet.

***

Selbstbefriedigung

Heiß glüht meine Scham,

nackt lieg ich auf meinem Bett.

Mein Schlitz ist ganz nass,

Mösenduft erfüllt den Raum,

mein Becken rotiert,

die Hand reibt den Schlitz schneller

- dann fließt die Möse über.

***

Gedanken einer Frau

Haiku

Tiefes Dekollete.
Die Männer sind Wachs für mich,
nur noch Geldtaschen.

***

Besorg es mir gut,
ich will ein Baby von dir!
Nimm mich tüchtig ran!

***

Ein Spiel mit Fingern,
Geilsaft läuft auf den Boden
wie ein Wasserfall!

***

Endlich!

Endlich ist der Tag gekommen,
an dem wir uns vereinen werden,
ganz wild mein Herz seit gestern rast,
denn endlich wird mein Wunsch erfüllt.

Nun ist der Moment gekommen,
langsam unsre Kleidung fällt,
begleitet von gar heißen Küssen,
was anspornt meine Liebeslust.

Als wir liegen auf dem Bette,
berührst du zärtlich meinen Leib,
küsst Brüste, Nippel und den Bauch,
streichelst mich recht lange Zeit.

Als ich dann schließlich bin bereit,
öffne ich die Liebesgrotte,
erlaube dir, sie zu betreten,
was du nur allzu gerne tust.

Nachdem wir schließlich sind vereinigt,

finden rasch wir unsren Rhythmus,

treiben es recht lange Zeit,

bis restlos ausgelaugt wir sind.

Danach wir liegen eng umschlungen

für lange Zeit fast regungslos,

lauschen tief in unsre Körper,

wo die Herzen glücklich klopfen.

***

Herrschaftsgeste

Wir sind auf einer Party,
mit richtig guter Stimmung,
man lacht, man unterhält sich,
man scherzt und amüsiert sich.

Plötzlich spür ich deine Hand,
die sich legt auf meinen Po,
gut zu sehn für jedermann,
was mir etwas peinlich ist.

Dir bedeutet es sehr viel
zu berühren mein Gesäß,
öffentlich, ganz ungeniert,
zu zeigen deinen Anspruch.

Manche Stellen sind intim,
man darf sie nicht berühren
vor fremder Leute Augen,
was bekannt ist Mann und Frau.

Herrschaftsgesten sind es drum,

die jedem deutlich zeigen:

„Diese Frau gehört zu mir,

ein Tabu ist sie für euch!"

Jeder Mann weiß nun Bescheid,

dass ich zu dir gehöre,

und weil die Hand ich dulde,

beweist sie deinen Anspruch.

***

Liebesspiel

Haiku-Sextett)

1

Innige Küsse.
Plötzlich sind wir beide nackt
- wilde Erregung.

2

Weitere Küsse,
sanft drückst du mich auf das Bett.
Grenzenlose Lust.

3

Streicheln und Küssen
- unerschöpfliches Vorspiel,
zugleich süße Qual.

4

Wilde Verzweiflung!
„Bitte, bitte steck ihn rein,
nagel mich kräftig!"

5

Endlich bumst du mich!

Höhepunkt jagt Höhepunkt

- Multiorgasmen!

6

Große Mattigkeit,

eng umschlungen ruhen wir.

Wir genießen uns.

***

Spaziergang im Wald

Vom Himmel strahlt die Sonne,
lockt hinaus uns in den Wald,
wo wir schreiten Hand in Hand
im Schatten großer Bäume.

Als in Sicht kommt eine Bank,
nehmen wir gern darauf Platz,
lauschen in den Wald hinein,
lassen schweifen unsren Blick.

Gar friedlich ist die Stimmung,
erfasst hat mich Verzückung,
drum ich lehne an mein Haupt
an deine starke Schulter.

So sitzen wir recht lange,
das Hier und Jetzt genießend,
ich spüre deinen Körper
und fühle mich geborgen.

***

Abwechslung

In meines Mannes Gegenwart
verspüre ich gar sehr viel Lust,
ich gebe mich ihm gerne hin,
genieße ihn die ganze Zeit.

Doch als ich damals Katja sah,
da wurde mir ganz plötzlich heiß,
dieser Frau galt mein Begehren,
ihre Aura umfing mich gleich.

Ihre sportlich-schlanke Figur
war recht ansprechend gekleidet,
alles passte gut zusammen
wie bei einem schönen Kunstwerk.

Sie bemerkte meine Blicke,
sprach mich an, was mich beschämte,
doch das gefiel ihr gar sehr gut,
drum lud sie mich zum Kaffee ein.

Dabei wir plauderten sehr viel,

wurden dabei stets vertrauter,

und bald ich meine Lust gestand,

was sie wirklich sehr erfreute.

Sie hatte wie ich einen Mann,

doch sie liebte auch die Frauen,

was sie als einen Fluch empfand,

der sie auf einen Irrweg trieb.

Nun hatten wir uns offenbart,

was die Bande noch verstärkte,

danach wir küssten zaghaft uns,

damit der Bann gebrochen war.

Seitdem wir treffen uns recht oft,

wir reden und wir kosen uns,

doch manchmal wird daraus auch mehr,

was unsre Seelen schweben lässt.

Wir lieben unsre Männer auch,

genießen ihre Leidenschaft,

teilen unsre Lust mit ihnen,

lassen uns mit Freude nehmen.

Doch ich brauche immer wieder

meiner Katjas sinnlich Liebe,

und da es ihr geht ebenso,

machen wir es im Geheimen.

***

Die Alternative

Das Damenklo war viel zu voll,
drum ging ich auf das Herrenklo,
doch die Idee war nicht so toll,
denn dort Mann stopfte mir den Po,
danach dann ging es richtig rund,
Mann stopfte auch Möse und Mund,
und als das Klo ich dann verließ,
fühlte ich mich so gar nicht mies,
denn meine Blase war nun leer,
ich befriedigt, was will ich mehr!?!

***

Nachts auf dem Bahnhof,
ein Fremder bietet mir Geld
- wirke ich nuttig?

***

Auf weißer Hose
ein verräterischer Fleck.
‚Nur' Lustsaft oder…?

***

Nippel hart wie Stein,
Hitze zwischen den Schenkeln.
Gier nach wildem Sex.

***

Persönlicher Gedenktag

Heute ist ein Jahrestag,
der mich stets erneut bewegt,
denn es jährt sich eine Tat,
die für mich bedeutsam war.

Es war ein Tag im Frühling,
warm die Sonne schien herab,
es blühten viele Blumen,
die Natur war aufgewacht.

Auch erwacht war meine Lust,
stärker als wie nie zuvor,
drum ich fasste den Entschluss,
dass es sollte nun geschehn.

Als ich dann mit meinem Freund
durch Feld und Wald spazierte,
hauchte zarte Worte ich,
die seine Lust entfachten.

Als wir waren dann im Wald

abseits der breiten Wege,

ging es hinter ein Gebüsch,

wo wir uns heftig liebten.

Nun ich war kein Mädchen mehr,

wurde dort zu einer Frau,

fortan ich war erwachsen

und lebte meine Liebe.

Heute jährt sich nun der Tag,

als die Unschuld ich verlor,

ich gedenke ihm sehr gern,

denn verwandelt hat er mich.

***

Körpereinsatz

Beim Spaziergang durch den Wald
kamen wir an einen Baum,
hoch gewachsen, stark und stolz
zeigte er uns große Pracht.

Sogleich mein Liebster meinte,
dass dies wär ein guter Ort,
um in des Baumes Rinde
zu schnitzen unsre Namen.

Mir tat leid der arme Baum,
nicht haben er sollt' Wunden,
drum bat ich meinen Liebsten,
ihn unversehrt zu lassen.

Die Enttäuschung war recht groß,
ich sah es am Gesichte,
drum ich schlug als Ersatz vor,
uns zu lieben unterm Baume.

Gleich mein Freund begeistert war,

er liebte Sex im Freien,

so entblößte ich mich rasch,

ließ ihn die Lust ausleben.

Mir es machte keinen Spaß,

den Baum ich wollte schützen,

drum ich gab den Körper hin,

es war der letzte Ausweg.

***

Am Morgen

Wie schön ist das Erwachen
neben einem schönen Mann,
der nach wilder Liebesnacht
sich im Schlafe gut erholt.

Ich lausche seinem Atem,
der von Entspannung zeugt,
seh an sein lieblich' Lächeln,
das seinen Mund umspielt.

Seine Lenden sind bedeckt,
doch kenn ich diese Stelle,
hatte damit sehr viel Spaß,
habe sie genau erforscht.

Sein Anblick zeugt von Frieden,
doch zwischen meinen Beinen
löst er aus die pure Lust,
die mich schnell gefangen nimmt.

Ich streichle seine Schulter,

was mit Seufzen er quittiert,

und als ich sanft ihn küsse,

erwacht er aus dem Schlummer.

Er sieht mir in die Augen,

lächelt mich dann charmant an,

es folgen viele Küsse,

dann frönen wir der Liebe...

***

Sehnsucht

Während deiner langen Dienstreise bin ich ganz allein mit meinen Bedürfnissen. Heute überkommt mich die Sehnsucht nach dir und deinem Körper besonders heftig. Während ich an dich denke, fährt eine Hand zu meinen Brüsten, die andere gleitet zwischen meine Beine. Je länger ich an dich denke, desto intensiver wird die Arbeit meiner Finger, bis mich ein Höhepunkt erlöst.

Heißer Mösensaft,
Ergebnis meines Streichelns.
Klebrige Finger.

***

Frühstart

Die Party war recht öde,
doch einen Mann es dort gab,
den ich sogleich begehrte,
kaum ich hatte ihn erblickt.

Er wirkte auch gelangweilt
und war wie ich alleine,
so kamen wir uns näher,
erfreuten uns einander.

Er war reizend und charmant,
dazu von gutem Aussehn,
so nahm ich gerne an,
als er mich zu sich einlud.

Wie konnte ich mich sträuben,
bei einem solchen Prachtmann,
und so eilten wir zu ihm,
wo wir lachten und viel tranken.

Es dauerte nicht lange,

dann sah ich seinen Körper,

gestählt von vielen Muskeln,

durch sehr viel Sport erworben.

Sein Vorspiel war recht lange,

er wusste, was ich wollte,

und als ich richtig feucht war,

begann er mit dem Lustakt.

Doch der Akt war schnell vorbei,

denn kaum in meinem Lustloch,

überschwemmte es sein Glied

mit seinem heißen Nektar.

Ein wunderschönes Vorspiel,

zerstört durch einen Frühstart,

woraus er sich nichts machte,

denn es war für ihn normal.

Als die Wohnung ich verließ,

war er zutiefst befriedigt,

ich jedoch war noch ganz heiß

und fühlte mich benutzt.

***

Verpasste Gelegenheit

Während eines Einkaufsbummels
flanierte ich durch meine Stadt,
genoss den warmen Sonnenschein,
mich meines Daseins erfreuend.

Als ich schweifen ließ die Augen,
fing ich auf eines Mannes Blick,
der mich taxierte ganz diskret,
was ich hatte schon oft erlebt.

Der Mann gefiel mir gar sehr gut,
drum schenkte ich ihm ein Lächeln,
das sofort erwidert wurde,
charmant, beinah schon liebevoll.

Auf gleicher Höhe waren wir,
sahen tief uns in die Augen,
keiner traute sich zu sagen,
dass das Herz ihn sehr begehrte.

Dann war der Augenblick vorbei,
von nun an alles war zu spät,
wir hatten unsre Chance gehabt,
jedoch aus Schüchternheit vertan.

Ich habe ihn nie mehr gesehn,
auch wenn ich lange hab gesucht,
und so ging mein Leben weiter
in seinem stets gewohnten Gang.

***

Mein Geschlecht kribbelt,

beim Anblick meines Nachbarn.

Was für ein Prachtkerl!

***

Ich mache mich hübsch,

Gartenparty beim Nachbarn.

Ich will gefallen.

***

Normales Bumsen,

auf Dauer recht langweilig.

Neue Spielzeuge…

***

Der erste Freund

Nun bin ich auf dieser Welt
schon seit einer ganzen Zeit,
bin zwar keine Zwanzig mehr,
jedoch im besten Alter.

In meinem ganzen Leben
hab ich die Lust genossen,
lebte sie mit manchem Mann
bis hin zu ihrer Neige.

Viele Männer küsste ich,
und mit einigen davon
bin ich ins Bett gegangen,
wo wir es recht bunt trieben.

Doch von den Bettgefährten
verblasst das Andenken rasch,
dagegen bleibt erhalten
das Bild des ersten Freundes.

Er zeigte mir die Liebe
mit unsren ersten Küssen,
die verboten, ungewohnt
mir meinen Atem raubten.

Dann hat oft er mich berührt,
an vielen schönen Stellen,
was die Lust heiß fließen ließ
durch meinen Jungfraukörper.

Schließlich führte er mich ein
in das wilde Liebesspiel,
er nahm mir meine Unschuld,
machte mich zu einer Frau.

Unsre Liebe hielt nicht an,
wir gingen unsrer Wege,
doch ich denke noch an ihn,
sehe deutlich sein Gesicht.

Die Anzahl meiner Freunde,

die teilten das Bett mit mir,

ist klein und überschaubar,

doch sind sie nicht sehr wichtig.

Anders ist's beim ersten Freund,

sein Bildnis bleibt erhalten,

er zeigte mir die Liebe,

drum bleibt er unvergessen.

***

Tanzen und mehr

Ich tanze für mein Leben gern,
doch leider meine Freunde nicht,
das ist unschön, sehr betrüblich,
doch ändern kann man Männer nicht.

Um zu können doch noch tanzen,
ging ich zu einer Tanzschule,
belegte einen Singlekurs,
obschon gut ich konnte tanzen.

Die Männer waren richtig nett,
davon einer ganz besonders,
wir tanzten und wir flirteten,
trafen uns auch auf ein Glas Wein.

Natürlich wurde daraus mehr,
aus dem Plaudern und Gekicher
entsprang für uns der erste Kuss,
danach gab es dann Zärtlichkeiten.

Weiter gingen wir zum Tanzkurs,

doch lieber als das Tanzen noch

genieße ich den Liebesakt

mit einem wahren Traumprinzen.

So ich verband für kurze Zeit

meine beiden größten Freuden,

doch leider nichts für ewig hält,

drum ist die schöne Zeit vorbei.

***

Zeichen der Verbundenheit

Als Zeichen der Liebe gilt der Tausch von Ringen, doch noch inniger verbindet zwei Menschen ein gemeinsames Kind. Wir sind bereit, diesen Schritt zu gehen.

Die Beine gespreizt
erwarte ich deinen Schwanz.
Mach mir ein Baby!

***

Mein Höschen ist feucht,
nun öffne ich mein Lustloch.
Bitte bespring mich!

***

Ich bin total heiß,
bitte zieh mich tüchtig durch!
Such dir ein Loch aus.

***

Ich bin ganz wuschig
und möchte geknallt werden.
Bitte besorg es mir!

***

Der Tanz der Liebe

Zu einer guten Party
gehört dazu das Tanzen,
so schwang ich denn das Tanzbein
mit so manchem jungen Mann.

Einer tanzte richtig gut,
konnte Standard und Latein,
forderte mich ständig auf,
was mich zutiefst erfreute.

Bei der Rumba funkte es,
nun wir wollten beide mehr,
drum als endete der Tanz,
setzten wir uns an die Bar.

Wir plauderten und tranken,
wir scherzten und wir lachten,
dann ein tiefer Blick von ihm,
und es schmolz mein liebes Herz.

Wir gingen von der Party,

um rasch zu mir zu fahren,

kaum fiel ins Schloss die Haustür

als wir schon wild uns küssten.

Dann fiel auch schon die Kleidung,

von unsren heißen Körpern,

und als befreit wir waren,

liebten wir uns inniglich.

***

Unverhofft

Die Hochzeit ist sehr langweilig,
drum würde ich am liebsten gehn,
doch ist's zu früh, ich trau mich nicht,
denn übel nehmen würd man's mir.

Mit dem Schicksal heftig hadernd
lustwandel ich im Sonnenschein
fern von der Gesellschaft Treiben
in des Gartens reizend Schönheit

Ich spüre, dass ein Mann mir folgt
und wende ihm die Schritte zu.
Sofort er wird ganz Rot vor Scham,
gesteht mir stammelnd seine Liebe.

Er ist ein lieblich junger Mann,
der mein Herz lässt höher schlagen,
dazu mich packt der Liebe Lust,
zu lange war ich schon allein.

Mein lieblich Kuss auf seinen Mund

entfesselt der Lüste Wildheit,

kosend wir sogleich versinken

hinter dichter Büsche Schutzwall.

***

Unverhofft 2

Im Sessel Zeitung lesend
verbrachte ich den Abend,
dich wähnte ich am Schreibtisch,
umgeben von Papieren.

Doch dann ich spürte Hände,
die ganz sanft und lieblich zart
über den Kopf mir strichen,
danach sie rutschten tiefer.

Nun spürte ich die Lippen,
die weich und warm wie immer
mir sanfte Küsse hauchten
auf meines Hauptes Fläche.

Derweil die Hände griffen
in den Ausschnitt ungeniert,
meine Brüste massierend
entfachtest du ein Feuer.

Die Beherrschung fiel nun ab,
ich wollte dich empfangen,
die von dir entfachte Lust
verlangte nach Erfüllung.

Das Bett war zu weit entfernt,
drum trieben wir es gleich hier
in des Wohnzimmers Mitte,
auf unsrem weichen Teppich.

***

Raus aus dem Tal

Mein Freund hatte mich verlassen, die Trauer dauerte viele Tage. Doch auf Regen folgt Sonnenschein, und so fasste ich den Mut, unter Leute zu gehen. Die gute Stimmung steckte mich an und ich spürte, wie der Ballast von meiner Seele fiel. Ich war ausgehungert nach Liebe…

Notgeile Stute
umgarnt den brünstigen Hengst,
aber nicht lange…

***

Ausgehungert

Manchmal ärgert mich mein Freund und verweigert mir mehrere Tage den Sex. Ich weiß nicht, wie er das aushält, aber ich werde dann immer ganz wuschig und fahrig. Irgendwann bin ich so ausgehungert nach lustvoller Erlösung, dass ich ihn um Sex anbettele.

Ich bin total geil!
Fick mir meinen Verstand raus,
fackle nicht lange!

***

Die schöne Jahreszeit

Den Frühling und den Sommer
lieb ich vom Jahr am meisten,
erfreu mich an der Wärme,
genieße dann mein Dasein.

Wenn im Café ich sitze,
geht mein Blick nach rechts und links,
ich schaue an die Gäste,
und lächle sie freundlich an.

Manche lächeln dann zurück,
manch Mann spricht mich nett an,
fängt an einen Flirt mit mir,
was immer ich genieße.

Flirten ist so wunderbar,
man fühlt sich dann lebendig,
ist man doch begehrenswert
für so manchen fremden Mann.

Ob dann aus dem Flirt wird mehr,

kann ich nicht ganz ausschließen,

jedoch bin ich nicht traurig,

wenn zur Liebe es nicht reicht.

Manch Frau nennt mich verdorben,

weil ich genieß das Leben,

was sollte tun ein jeder,

weil das Leben ist recht kurz.

***

Auswahl

Ich blätterte im Katalog,
mehr gelangweilt als denn suchend,
dabei ich auf die Seiten kam
mit den vielen hübschen Dessous.

Sofort ich war gar sehr entzückt,
weil vieles mir sogleich gefiel,
was jedoch zu teuer wäre,
ich könnte es mir nicht leisten.

So überlegte ich genau,
was wohl meinem Mann gefiele,
hatte er doch bald Geburtstag,
in Dessous ich wäre sein Geschenk.

Nun mein Elan war doppelt groß,
am Ende die Auswahl trefflich,
und so ich warte nun gespannt,
auf die Ware und sein Gesicht.

***

Hingabe

Unsere Liebe war stark, nichts konnte sie erschüttern! So war es absehbar, dass die Frage nach einer Liebesnacht kommen würde. Als er sie stellte, war ich bereit, doch auch etwas ängstlich.

Ich gebe mich hin
in grenzenloser Liebe.
Enttäusche mich nicht!

***

Selbstzweifel

Wieder ist ein Morgen da
und ich stehe hier im Bad,
schaue mich im Spiegel an,
derweil die Zweifel kommen.

Bin ich für dich hübsch genug,
findest du mich attraktiv?
Brauchst du keine andre Frau,
um als Mann glücklich zu sein?

Ich bin keine Zwanzig mehr,
spüre manches Zipperlein,
und zudem für mich zum Graus
sehe ich ein graues Haar.

Auch taucht eine Falte auf,
die mich deutlich älter macht,
mein Gesicht wirkt nicht mehr schön,
wie kann dir das gefallen?

Bin ich dir im Bett genug,
erfreut dich meine Technik?
Ich mache auch was Neues,
wenn es dich an mich bindet.

So ich zweifle oft an mir,
obschon wohl unbegründet,
denn mein Mann liebt mich gar sehr,
lässt es mich täglich spüren.

So schwinden rasch die Zweifel,
doch ganz besonders abends,
wenn er von der Arbeit kommt
und wir gleich Liebe machen.

***

Endlich entjungfert

durch deines Schwanzes Arbeit.

Sperma tropft herab.

***

Pornovideo,

es geht richtig zur Sache.

Mein Höhepunkt naht.

***

Ich öffne mein Loch,

steig schnell über mich drüber.

Bring mich zum Fliegen.

***

Freud und Leid

Es war ein heißer Sommertag,
drum zog es mich zum Strandbad hin,
das Wasser war sehr angenehm,
doch war voll die Liegewiese.

Also lag ich etwas abseits,
neben mir zwei hübsche Männer,
denen ich ein Lächeln schenkte,
was dankbar sie erwiderten.

Nachdem ich dann im Wasser war
und mein Bikini war ganz nass,
wurden die Nippel plötzlich steif,
was die Männer gleich bemerkten.

Sie sprachen mich ganz freundlich an,
waren lieb und nicht aufdringlich,
und es dauerte nicht lange,
bis wir miteinander scherzten.

Schnell merkte ich, sie waren schwul,
die Freundlichkeit nicht aufgesetzt,
sie verwöhnten mich mit Worten
und mit vielen lieben Gesten.

Mein Herz das pochte gar sehr wild,
dazu mir war ganz plötzlich heiß,
als die beiden sich dann küssten
und voll Zärtlichkeit liebkosten.

Nun war ich als Frau nicht wichtig,
das hatte ich noch nie erlebt,
doch ich gönnte diesen Süßen
ihre kleine Liebesfreude.

Ich kühlte mich im Wasser ab,
und als zurück ich später kam,
war das Geplänkel vorüber,
alles wirkte still und entspannt.

Sie spürten die Verlegenheit,
in die sie mich hatten gebracht,
sie baten um Verzeihung mich,
gelobten Wiedergutmachung.

So wurde ich an diesem Tag
von zwei süßen schwulen Männern
abseits auf der Liegewiese
intensiv massiert und verwöhnt.

Seitdem treffe ich mich gerne
mit den beiden Sahneschnitten,
wir scherzen und wir lachen viel,
nicht nur im Strandbad, auch daheim.

***

Mein Freund für einsame Stunden

Uns Menschen ist allen gemein,
dass wir haben Bedürfnisse,
vor allem eint uns die Sehnsucht
nach Liebe und nach Zweisamkeit.

Doch ist uns das nicht gegeben
durchgängig in unsrem Leben,
so fehlt uns manchmal ein Partner
in unsren einsamen Stunden.

So erging es mir mal wieder
als ich neulich einen Film sah,
der mich innerlich aufwühlte
und die Lust in mir entfachte.

Doch in meinem Singledasein
es kein männliches Wesen gab,
das mich in starke Arme nahm,
das mich hätte küssen können

Längst verbrannte mich meine Lust,

ganz heiß war die Körpermitte,

und so ich griff zu meinem Freund,

der in meinem Nachttisch wohnt.

Leise surrte der Vibrator,

ganz tief in meiner Vagina,

er löste aus ein Lustgefühl,

wie es sonst nur Männer schaffen.

Doch Männer machen recht schnell schlapp,

der Vibrator wird nicht müde,

er verschaffte mir recht viel Lust,

sorgte für sieben Orgasmen.

Danach war ich dann ganz erschöpft,

doch befriedigt war meine Lust,

dank des kleinen Notfallhelfers,

dem Helfer in der Einsamkeit.

***

Wunderbarer Mann

Wunderbarer Mann,
mit deinem sinnlichen Mund,
der mich fasziniert,
sollst du mich tüchtig lecken,
bis zum Höhepunkt,
und wenn ich heftig komme,
sollst meinen Saft du schlucken.

***

Welch Wohlgefühl

Mit deinen warmen Händen
fährst du in meine Bluse,
streichelst meine Brüste sanft,
was ein Gurren mir entlockt.

Das heizt an nun deine Lust,
und rasch es fällt die Bluse,
dann du öffnest den BH,
wirfst blind ihn rasch beiseite.

Nun sind meine Brüste blank,
zeigen sich in ganzer Pracht,
doch beherzt du packst gleich zu,
massierst sie mir ganz prächtig.

Erst die Nippel werden steif,
dann sie sind ganz hart wie Stein,
drum kannst du sie gut zwirbeln
und über sie hart rubbeln.

Bald werden schwach die Beine,
die Lust steigt unaufhaltsam,
schon brennt mein Schlitz wie Feuer,
weil deine Hände zaubern.

Doch das ist nicht das Ende,
denn dein Mund sinkt schon herab,
umschließt ganz fest die Nippel,
dann fängst du an zu saugen.

Als ich dann bin nur noch Wachs,
lässt du die Zunge kreisen,
mal schnell, dann wieder langsam,
was mir raubt meinen Verstand.

Ich stöhne und ich schreie,
vor Lust, ich kann nicht anders,
weil dein weicher warmer Mund
mir verschafft' höchste Wonnen.

Dein Zungenspiel ist prächtig,
längst schon habe ich erreicht
einen schönen Höhepunkt,
doch mein Schlitz brennt lichterloh.

Drum ich lasse sinken mich
flugs auf des Zimmers Boden,
damit du mich kannst nehmen,
gleich hier an Ort und Stelle...

***

Orgasmus

Meine Muschi glüht,

während dein Schwanz mich nagelt,

hart, wie ich es mag.

Die Augen werden glasig,

mein Höhepunkt naht,

unaufhaltsam kocht er hoch

- dann entlädt sich unsre Lust.

***

Weinseligkeit

Zu zweit es ging zum Volksfest,
wo auf dem Zelt wir tanzten,
bis mir die Füße schmerzten,
wir uns darum dann setzten.

Hier scherzten wir und lachten,
dazu vom Wein wir labten,
vertraut war unsre Stimmung,
so dass du mutig wurdest.

Schon deine Hand sich legte
auf mein nicht verdecktes Knie,
dann sie fuhr langsam hinauf,
bis mein Schenkel war erreicht.

Die Berührung mir gefiel,
ich fühlte starkes Kribbeln,
wollte spüren deine Hand
an meiner Körpermitte.

Du spürtest mein Gefallen
an deiner lieben Handlung,
drum die Hand schnell wanderte
unter meinen kurzen Rock.

Es wurde schwer mein Atem,
schon vor Lust mein Leib bebte,
was antrieb deine Finger
zu gleiten in mein Höschen.

Das war zuviel des Guten,
sehr stark ich rang nach Fassung,
wollte nicht an diesem Ort
den Höhepunkt erreichen.

Rasch ich zog dich von dort fort,
führte dich zum kleinen See,
wo wir fanden einen Busch,
hinter dem ich mich hingab.

Du warst ein wahrer Meister,

der mich trieb zum Höhepunkt,

die Sittlichkeit vergessend,

der Lust den Anstand opfernd.

Seitdem schäme ich mich sehr,

dass so ich mich ließ gehen,

doch dann es gibt auch Zeiten,

in denen ich es liebe.

***

Freundschaftswunsch

Als erstmals wir uns sahen,
war es um mich geschehen,
denn schon auf den ersten Blick
war in dich ich gleich verliebt.

Wie lieblich schön dein Lächeln,
das umspielte deinen Mund,
die zart geschwungnen Lippen
gar meisterhaft betonend.

Dazu aus deinen Augen
sprang mir der Schalk entgegen,
sie blickten oft belustigt,
dann wieder ernst und lieblich.

Du wirktest gar vollkommen
mit der sportlichen Statur,
dazu den breiten Schultern
und dem vollen blonden Haar.

Ich lauschte deiner Stimme,
die so sanft und wohlklingend
meinen Geist verzaubert hat
und mich sprachlos werden ließ.

Ins Schwärmen ich gerate,
wenn ich an dich nur denke,
wie gern ich würde treffen
dich einfach ganz alleine.

***

Schüchternheit

Endlich sind wir ungestört! Doch da du so schüchtern bist, scheust du vor dem ersten Schritt. Diskret helfe ich nach und erlaube dir einen ,zufälligen' Blick unter meinen Mini-rock. Kein Slip behindert die Sicht, und das stachelt deine Lust und deinen Mut erfolg-reich an.

Du bist so schüchtern!
Ich spreize meine Beine.
Blick unter den Rock.

***

Der Bademeister

Der Bademeister war ein Traummann: gut aussehend, durchtrainiert, muskulös und braungebrannt. Jedes weibliche Wesen ab dem Teenageralter schwärmte für ihn, und so manche hat ihn zu verführen versucht. Als an einem regnerischen Tag nicht viel los war, zog ich meinen knappen roten Bikini an und machte ihm schöne Augen. Wenig später haben wir uns im Geräteschuppen geliebt.

Der Bademeister,
von vielen angehimmelt.
Ich verführte ihn.

***

Die lieben Kollegen

Die männlichen Kollegen
sind alle nett und freundlich,
doch sieht mich an so mancher
als wäre ich sein Spielzeug.

Ich spüre ihre Blicke,
die hinter meinem Rücken
mich mustern stets aufs Neue
vom Haupthaar bis zur Sohle.

Kommt einer dann von vorne
oder wir sind im Gespräch,
starrt er mir auf die Brüste,
schamlos und ganz ungeniert.

Das ist frech und unhöflich,
doch sie können nichts dafür,
sie springen an auf Reize,
und damit ich nicht geize.

Die Brüste ich betone
durch enge Oberteile,
dazu ich trage Röcke,
mal Mini und mal Midi.

Einer meiner Kollegen
ist sehr süß, doch auch schüchtern,
er kann den Blick nicht wenden
von meinem schönen Vorbau.

Ich bin entbrannt in Liebe,
und wenn ich mit ihm spreche,
werden hart meine Nippel,
was sich am Stoff abzeichnet.

Ich werde ihn einladen
zu einem schönen Essen,
und wenn es wird gut laufen,
darf er mich nicht nur küssen.

Die andren ich nur reize
mit meinen schönen Gaben,
weil es mir sehr viel schmeichelt,
so stark begehrt zu werden.

Ich bin nicht nur Kollegin,
sondern auch Augenweide
für unsre Mitarbeiter,
was mir bringt ein Vorteile.

Dafür ich gern mich kleide
meine Figur betonend,
dazu ich auch mal flirte,
was sehr gefällt den Männern.

Was ich auch immer mache,
sie nehmen es nicht übel,
denn für ein kleines Lächeln
sie machen für mich alles.

Und wird es einmal schwierig,

lass hoch den Rock ich rutschen

oder von meinem Ausschnitt

ein weitrer Knopf sich öffnet.

Dann sind in meinen Fingern

nur Wachs die guten Männer,

weil sie sind unterlegen

den Waffen von uns Frauen.

***

Der neue Tag

Draußen wird es langsam hell,
es bricht an der neue Tag,
die Nacht wird schon vertrieben,
auch wenn ich noch nicht wach bin.

Es war gar lang der Abend,
die Nacht danach kurzweilig,
wieder kam zu kurz der Schlaf,
und schuld war nur die Liebe.

Ich hatte mich ergeben
meiner Triebe wilder Lust,
mich ganz dir hingegeben,
um zu frönen Cupido.

Nun bin ich recht befriedigt,
doch leider auch noch müde,
zum Glück es ist ein Samstag,
und mich ruft nicht die Arbeit.

Als ich im Bett mich drehe,
stoße ich an meinen Freund,
der auf mich wirkt schon munter,
und sein Speer ist auch bereit.

Ich kann nicht widerstehen,
bin auch nicht mehr ermattet,
und so ich tue kosen,
auf das wir Liebe machen.

Nicht lange ich muss warten,
weil er mich versteht sogleich,
und ohne lang zu fackeln
fängt er an den Liebesakt.

Statt Sterne und des Mondes
sieht uns nun zu die Sonne,
wie wir zu zweit entschweben
in hohe Lustgefilde.

***

<u>Lesen Sie auch die Gedichtbände</u>

<u>meiner Freunde</u>

Andreas Erlenburg

Haar so weich wie Samt

Erotische Haiku

ISBN 978-3-7481 5959-9

Ich lausche unserer Lust

Erotische Gedichte

ISBN 978-3-7519-5799-1

Thomas Frohsinn

Küssende Männerherzen

Homosexuelle Liebeslyrik

ISBN 978-3-7519-1481-9